Vollständig überarbeitete Miniausgabe
des ebenfalls im Verlag W. Hölker
erschienenen Titels „Endlich Spargelzeit!"

5 4 3 2 1
ISBN 3-88117-598-9

Gestaltung: Niels Bonnemeier
Redaktion: Gabriele Heßmann,
Monika Römer, Jutta Engelage
© 2003 Verlag W. Hölker GmbH, Münster

Hanns-Albert Schroll

Das kleine

Spargel

Kochbuch

Hölker Verlag

Inhalt

Die Zutaten sind in allen Rezepten
für 4 Personen angegeben.

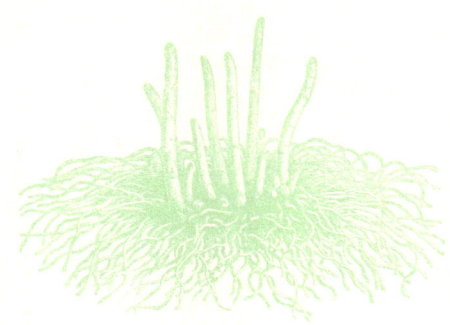

Einleitung

Als Spargel bezeichnet man die Sprosse der Spargel-
pflanze (lat. *asparagus*). Seine ursprüngliche Heimat
wird in Vorderasien vermutet.
Bereits bei den Griechen und Römern war der wild
wachsende Spargel bekannt und geschätzt. Während
die Griechen sich hauptsächlich mit den botanischen
und medizinischen Aspekten auseinandersetzten,
schätzten die Römer bereits den edlen Geschmack dieses Gemüses.
Im Mittelalter bauten vor allem Mönche den Spargel in
ihren Klostergärten an und verwendeten ihn als Heil-
pflanze. Erst im Laufe des 16. Jahrhunderts wurde er als
besonderer Leckerbissen für die Küche wiederentdeckt
und fand auch erstmals seinen Weg nach Deutschland.
Aber erst ab dem 19. Jahrhundert war er für das Bürger-

tum erschwinglich. Vorher verhinderten Adels- und Offiziersklüngel durch Hochpreispolitik den Zugriff. Der Spargel hatte also schon immer seinen Preis, aber er ist nach wie vor ein besonderer Genuss und deshalb sein Geld wert.

Bis zum Ende des 18. Jahrhunderts war ausschließlich „Grünspargel" bekannt. Die Spargelstangen wuchsen dabei aus dem Boden heraus und verfärbten sich durch die Lichteinwirkung. In späteren Zeiten stülpten die Bauern Gefäße über den wachsenden Spross, sodass er vor Licht geschützt war und seine weiße Farbe erhalten blieb. Heute übernehmen aufgehäufte Erddämme diese Funktion. Die Spargelstangen werden gestochen, sobald die Spargelköpfe die aufgehäufte Erdschicht von unten anheben.

Spargel wird vor allem auf leichten Sandböden angebaut, weil diese sich im Frühjahr schneller erwärmen und die Ernte somit früher beginnen kann.

Anders als in Frankreich und Italien wurde in Deutschland lange Zeit der weiße Spargel bevorzugt. Sein Geschmack ist besonders vom Anbaugebiet abhängig. So schmeckt rheinhessischer Spargel für den Kenner anders als baden-württembergischer oder niedersächsischer. Jedes Gebiet hat seinen eigenen Reiz. Niedersachsen ist mit einer Anbaufläche von ca. 3000 Hektar das größte Spargelanbaugebiet Deutschlands.

Inzwischen hat aber auch Grüner Spargel in Deutschland viele Liebhaber gefunden. Er ist in der Struktur zarter, jedoch kräftiger im Geschmack. Er muss in den meisten Fällen nicht geschält werden. Es genügt, die holzigen hellen Enden zu entfernen.

Die Spargelsaison beginnt in Deutschland Ende April und endet traditionsgemäß Ende Juni, genauer gesagt an Johanni, am 24. Juni. In verschiedenen Mittelmeerländern kann der Spargel bereits ab März geerntet werden, sodass Frischware schon vor der Saison auf unseren Tisch kommen kann. Und Spargel aus Südafrika wird bis in den November hinein angeboten.

Die Qualität von Spargel ist einfach zu überprüfen: Bei gutem, einwandfreiem Spargel sind die Spargelköpfe gleichmäßig gefärbt, dicht geschlossen und unbeschädigt. Die Spargelstangen sollten nicht zu dick oder zu dünn, nicht hohl oder mit Rissen und Spalten behaftet sein. Beim Kauf des Spargels achtet der Kenner vor allem auf die Enden. Diese dürfen nicht geschrumpft oder verhärtet sein, nicht wie gefroren aussehen und keine Trockenmerkmale aufweisen. Durch den hohen Wassergehalt von 90 Prozent „knirscht" frischer Spargel, wenn die Stangen aneinander gerieben werden. Frischen Spargel kann man ungeschält in ein feuchtes Tuch einschlagen und bis zu 24 Stunden bedenkenlos im Kühlschrank aufbewahren.

Spargel kann vier bis sechs Monate eingefroren werden, was allerdings seinen Geschmack beeinträchtigt. Dazu die Stangen waschen, trockentupfen, schälen und die Enden abschneiden. In Gefrierbeuteln oder -dosen verpackt einfrieren. Eine weitere Möglichkeit besteht darin, die Spargelstangen wie oben beschrieben vorzubereiten, knackig zu blanchieren (ca. fünf Minuten) und anschließend abgetropft in einer Gefrierdose ins Tiefkühlfach zu legen. Bei der Weiterverarbeitung bitte auf die kürzere Garzeit achten.

Für Suppen, Ragouts oder ähnliche Gerichte empfiehlt sich der Kauf des wesentlich preisgünstigeren nicht so gerade gewachsenen, dünneren Suppenspargels bzw. Bruchspargels.

Soll Spargel als Hauptgericht serviert werden, sind 500 Gramm Spargel pro Person durchaus angemessen. Als Beilage oder Salat kann man mit 250 Gramm pro Person rechnen.

Die Kochzeit ist abhängig von der Dicke der Spargelstangen. Grüner Spargel ist schneller gar als weißer. Daher empfiehlt es sich, bei Gerichten mit beiden Spargelsorten den weißen zuerst in das Kochwasser zu geben. Werden die Stangen gebündelt, zerbrechen sie gegart beim Herausnehmen nicht so leicht. Man kann auch einen der handelsüblichen Spargeltöpfe mit einem integrierten Sieb oder Korb verwenden. In der Regel kann der Sud aus den ausgekochten Spargelschalen und -enden als Saucen- oder Suppengrundlage weiterverwertet werden.

Jetzt wünsche ich Ihnen viel Spaß und Erfolg beim Kochen sowie den Genuss vieler leckerer Spargelessen. Ihr

Grundrezepte

Bevor Sie nun in die Fülle der Spargelrezepte eintauchen, noch einige wichtige Hinweise, was die Vorbereitung angeht:

Da sich bei der Zubereitung von Spargel einige Tätigkeiten ständig wiederholen, werden sie in den Rezepten nur kurz umschrieben. So bedeutet

Spargel vorbereiten:
- weißen Spargel waschen, schälen und holzige Teile abschneiden.
- grünen Spargel waschen, untere helle Enden abschneiden und das untere Drittel bei Bedarf schälen.

Sud zubereiten:
- Abschnitte und Schalen in ca. 1 Liter Wasser 15 Minuten sprudelnd kochen, durch ein Sieb gießen und den Sud auffangen.

Weißer Spargel

2 kg weißer Spargel,
je nach Topfgröße 1–2 l Wasser,
Salz, 1/2 EL Butter,
1 Prise Zucker oder 1 Stück Würfelzucker

Den Spargel unter fließendem kaltem Wasser abspülen. Spargelstangen von oben nach unten nicht zu dünn schälen. Holzige Teile am unteren Ende abschneiden. Spargel gebündelt oder lose in kochendes, leicht gesalzenes Wasser einlegen, dabei darauf achten, dass der Spargel vollständig mit Flüssigkeit bedeckt ist. Butter und Zucker hinzufügen. Wenn ein Spargeltopf mit Siebeinsatz zur Verfügung steht, brauchen die Stangen in der Regel nicht gebündelt zu werden. Den Spargel bei mittlerer Hitze in leicht sprudelndem Wasser je nach Dicke 20–25 Minuten zugedeckt garen. Wenn die Spargelspitzen weich sind, die Stangen aus dem Topf nehmen und abtropfen lassen. Warmer Spargel sollte immer auf einem vorgewärmten Teller gereicht werden, da er sehr schnell abkühlt.

Grüner Spargel

2 kg grüner Spargel,
je nach Topfgröße 1–2 l Wasser,
Salz, 1 Prise Zucker oder 1 Stück
Würfelzucker, 1/2 EL Butter

Den grünen Spargel noch sorgfältiger untersuchen als
weißen, da er schneller austrocknet und die Schale
leichter hart wird, wenn er nicht ganz frisch ist. Die
meist hellen, holzigen Enden großzügig abschneiden
und die Spargelhaut auf Festigkeit überprüfen. Fühlt
sie sich fest und etwas holzig an, dann die unteren
Enden des Spargels dünn schälen. Ist die Haut aber
frisch und saftig, braucht der grüne Spargel nicht geschält zu werden.
Die Stangen unter fließendem kaltem Wasser waschen
und, wenn sie sandig sind, mit einer Küchenbürste
leicht abbürsten. Auch grünen Spargel entweder gebündelt oder lose in den Spargeltopf geben. In dem
mit Salz, Zucker und Butter versetzten Wasser leicht
sprudelnd zugedeckt bei mittlerer Hitze je nach Dicke
10 – 15 Minuten garen. Grüner Spargel ist schneller gar
als weißer, daher bei Gerichten mit beiden Sorten den
grünen immer etwas später einlegen.

Vorspeisen und Salate

Die folgenden Rezepte sind als attraktives Entree für ein Menü oder eine umfangreiche Speisenfolge gedacht, eignen sich aber auch als Zwischengericht oder kleiner Imbiss. Sie sind so ausgesucht, dass sie ebenso als mitternächtliches Degusté, zum Soupé oder Cocktail zu reichen sind. Ihrer Phantasie und Kreativität sind also keine Grenzen gesetzt.

Was diese Rezepte so reizvoll macht, ist die Tatsache, dass die meisten von ihnen in kürzester Zeit fertiggestellt werden können, sich also auch als schnelles Gericht bei einem Überraschungsbesuch eignen. Hinzu kommt, dass sich auch Spargelreste hervorragend für die Zubereitungen nutzen lassen.

Für Salate ist Spargel dank seiner knackigen Konsistenz und seines feinen Geschmacks bestens geeignet. Er harmoniert mit den unterschiedlichsten Zutaten, schmeckt kalt oder warm und sieht obendrein noch sehr dekorativ aus. In diesem Kapitel finden Sie zahlreiche Anregungen für Salate, die Sie zu jeder Gelegenheit servieren können. Die Vielfalt der Zutaten macht es leicht, für jeden Geschmack das richtige Rezept zu finden.

Spargelcarpaccio

8 dicke Stangen weißer Spargel,
1 EL Aceto balsamico (Balsamessig),
je 1 EL Zitronen- und Orangensaft, Salz,
3 EL Olivenöl (extra vergine), 2 EL Walnussöl,
1 Schalotte, 1 Bund Schnittlauch,
frisch gemahlener schwarzer Pfeffer

Den Spargel wie auf Seite 11 beschrieben vorbereiten und schräg in dünne Scheiben schneiden. In kochendem Wasser 1 Minute blanchieren, in Eiswasser abschrecken und abkühlen lassen. Vier Teller dicht mit den ovalen Scheibchen belegen. Essig und Zitrussäfte mit 1 Prise Salz verrühren, bis sich die Kristalle gelöst haben. Nun vorsichtig mit dem Schneebesen Oliven- und Walnussöl tröpfchenweise einrühren.
Schalotte schälen und sehr fein würfeln. Schnittlauch waschen, trockentupfen und in feine Röllchen schneiden. Beides auf den Spargelscheibchen verteilen und diese mit der Vinaigrette gleichmäßig beträufeln. Leicht pfeffern und ca. 15 Minuten ruhen lassen. Mit knusprigem Toastbrot servieren.

Reichen Sie das Carpaccio als Vorspeise, passt ein Aperitif – vom Sherry bis zum Weißwein oder Kir Royal – hervorragend dazu.

Bunter Spargel in Vinaigrette

Je 250 g weißer und grüner Spargel,
Salz, Zucker, 3 EL Estragonessig,
10–12 EL Olivenöl (extra vergine),
frisch gemahlener Pfeffer, je 1/2 rote,
grüne und gelbe Paprikaschote

Spargel wie auf Seite 11 beschrieben vorbereiten und auf gleiche Länge kürzen. Spargelstangen in ausreichend Salzwasser mit 1 Prise Zucker zugedeckt bei mittlerer Hitze knackig blanchieren, das dauert beim weißen Spargel 10–12 Minuten, beim grünen 5–7 Minuten. Herausnehmen und abtropfen lassen. Die Stangen in eine längliche Schale schichten und etwas ausdampfen lassen.

Essig und Öl verrühren und mit Salz, Pfeffer und Zucker würzen. Die Vinaigrette über den Spargel träufeln und einige Minuten ziehen lassen. Dabei immer wieder an der Schale rütteln, um den Spargel durchzuschwenken.

Die Paprikaschoten putzen, von Stielansatz, Samen und Scheidewänden befreien, in feine Streifen schneiden und leicht salzen. In einer Schüssel 10 Minuten ziehen lassen. Kurz vor dem Servieren dekorativ über den Spargel streuen. Lauwarm servieren.

 Dazu können Weißbrot und ein frischer Riesling gereicht werden.

Spargel „Altwiener Art"

1 kg weißer Bruch- oder Suppenspargel,
Salz, Zucker, 1 Eiweiß, 100 g Butter,
3/8 l Sahne, 6 EL Semmelbrösel,
2 Eigelb, frisch gemahlener Pfeffer,
edelsüßes Paprikapulver, 100 g roher Schinken
Außerdem: Butter für die Form

Spargel wie auf Seite 11 beschrieben vorbereiten und
in Salzwasser mit 1 Prise Zucker bei mittlerer Hitze
zugedeckt 20 Minuten garen. Herausnehmen, abtropfen lassen und in mundgerechte Stücke schneiden.
Eiweiß zu steifem Schnee schlagen.
In einem Topf Butter zerlassen, Sahne, Semmelbrösel
und Eigelbe zugeben, mit Pfeffer und Paprika würzen.
Alles verrühren und den Eischnee unterziehen. Schinken in kleine Würfel schneiden und unter die Sauce
heben. Spargel mit der Hälfte der Masse in einer ge-
fetteten Auflaufform mischen. Den Rest darüber verteilen und alles im auf 180 °C (Umluft 160 °C, Gas
Stufe 2) vorgeheizten Backofen in 15–20 Minuten goldgelb überbacken.

 Zur Abrundung der Vorspeise können Sie dazu
einen grünen Salat servieren.

Grüner Spargel in Schinkenröllchen

500 g grüner Spargel, Salz, Zucker, 2 EL Aceto
balsamico (Balsamessig) oder Rotweinessig,
frisch gemahlener Pfeffer, 2 EL Olivenöl,
2 mittelgroße Tomaten, 1/2 Bund frischer Majoran,
100 g Parmaschinken in dünnen Scheiben,
1 EL Butter

Den Spargel wie auf Seite 11 beschrieben vorbereiten.
Die Stangen quer halbieren und in ausreichend Salzwasser mit 1 Prise Zucker bei mittlerer Hitze zugedeckt
ca. 8 Minuten garen. Spargelstangen herausheben, in
Eiswasser abschrecken und abtropfen lassen.
Essig, Salz und Pfeffer verrühren und das Öl unterschlagen. Die Tomaten blanchieren, häuten, von Stielansatz und Kernen befreien. Das Fruchtfleisch fein würfeln und in die Vinaigrette einrühren. Majoran waschen,
trockentupfen und die Blättchen abzupfen.
Jede erkaltete Spargelstange mit etwas Schinken umwickeln. Butter in einer Pfanne erhitzen und die einge-
wickelten Spargelstangen darin 2 Minuten bei geringer
Hitze rundherum leicht anbraten. Auf Tellern anrichten,
mit der Sauce beträufeln und mit Majoranblättchen
bestreuen. Lauwarm servieren.

Spargel-Schinken-Röllchen
mit Roquefort

24 dicke Stangen weißer Spargel, 1 Prise Zucker,
30 g Butter, 30 g Mehl, 8 EL Sahne, Salz,
frisch gemahlener Pfeffer, 60 g Roquefort, 3 Eier,
8 große dünne Scheiben roher Schinken

Die Spargelstangen wie auf Seite 11 beschrieben vorbereiten und auf gleiche Länge schneiden. Aus den Abschnitten und Schalen einen Sud herstellen. Den Spargel im Sud mit Zucker bei mittlerer Hitze zugedeckt 15 Minuten bissfest garen. Herausnehmen und abtropfen lassen. Den Sud beiseite stellen.
Die Butter zerlassen, das Mehl darüber stäuben und anschwitzen. Mit etwas Spargelsud ablöschen und die Sahne zugießen. Kurz durchkochen lassen. Mit Salz und Pfeffer würzen. Roquefort zerbröckeln und unterrühren. Die Eier trennen, die Eigelbe einrühren. Die Käsecreme vom Herd nehmen. Die Eiweiße steif schlagen und vorsichtig unterheben.
Jeweils drei Spargelstangen mit einer Schinkenscheibe fest umwickeln und in eine längliche Auflaufform legen. Die Roquefortcreme auf den Spargel-Schinken-Röllchen verteilen und im vorgeheizten Backofen bei 220 °C mit Oberhitze oder unter dem Grill goldbraun gratinieren. Portionsweise anrichten und servieren.

 Hierzu passen frisches Weißbrot und ein gut gekühlter Rosé.

Grüner Spargel „royale" mit schwarzen Trüffeln

1 kg grüner Spargel, Salz, 1 Prise Zucker,
4 schwarze Trüffeln, 2 cl Champagner,
4 TL grünes Traubenkernöl

Den Spargel wie auf Seite 11 beschrieben vorbereiten. In Salzwasser mit Zucker bei mittlerer Hitze zugedeckt in 5–7 Minuten knackig blanchieren. Herausnehmen, in Eiswasser abschrecken und abtropfen lassen. Inzwischen die Trüffeln in sehr dünne Scheiben hobeln und im Champagner mit 1 Prise Salz 1 Minute pochieren. Die Trüffelscheiben aus dem Sud nehmen und mit dem Spargel auf Tellern anrichten. Den Trüffelsud etwas reduzieren und den Spargel und die Trüffeln damit beträufeln. Zum Schluss das Traubenkernöl darüber träufeln.

 Das passende Getränk zu diesem Gericht ist ein Champagner brut.

Herzhafte Spargelplatte

Je 500 g weißer und grüner Spargel,
1 Prise Zucker, Salz, 2 Bund kleine Möhren,
frisch gemahlener Pfeffer,
40 Scheiben Parmaschinken (400–450 g),
10 große Scheiben ital. Mortadella (ca. 200 g),
Zitronenspalten und glatte Petersilie zum Garnieren

Den Spargel wie auf Seite 11 beschrieben vorbereiten.
Mit dem Zucker in Salzwasser bei mittlerer Hitze bissfest garen, dabei benötigen die weißen Stangen 15 Minuten, die grünen 8 Minuten. Inzwischen die Möhren
putzen, dabei das Grün daran belassen. Nach 7–8 Minuten Garzeit zum Spargel geben und ebenfalls bissfest garen. Das Gemüse aus dem Sud nehmen, abtropfen und abkühlen lassen. Die Spargelstangen mit dem
Parmaschinken, die Möhren mit je 1/2 Scheibe Mortadella umwickeln. Auf einer Platte anrichten, mit Zitronenspalten und Petersilie garnieren und servieren.

 Hierzu passt Mozzarellasalat mit Tomaten und fri-
schem Basilikum. Als Getränk empfiehlt sich ein
eisgekühlter Soave.

Spargeltoast mit Lachs und Rührei

500 g weißer Bruch- oder Suppenspargel,
1 Prise Zucker, Salz, 4 Scheiben Toastbrot,
100 g Butter, 4–6 Eier, 100 g Räucherlachs,
frisch gemahlener weißer Pfeffer,
einige Salatblätter, 1 Tomate, 1 TL Kapern

Den Spargel wie auf Seite 11 beschrieben vorbereiten und zugedeckt bei mittlerer Hitze mit dem Zucker in Salzwasser in ca. 15 Minuten bissfest garen. Stangen herausnehmen, abtropfen lassen und auf die Länge der Toastbrotscheiben kürzen. Die Scheiben toasten.
Die Butter in einer Pfanne zerlassen und den Spargel darin schwenken, herausnehmen und auf die Toastscheiben legen. Rasch die verquirlten Eier in die heiße Butter geben und unter Rühren stocken lassen. Räucherlachs in Steifen schneiden und zugeben. Mit Pfeffer würzen, nicht salzen! Die Salatblätter waschen, trockenschleudern und auf Tellern anrichten. Die Spargeltoasts auf die Salatblätter setzen und das Rührei darauf verteilen. Die Tomate in Spalten schneiden und mit den Kapern neben den Toasts anrichten.

Spargel im Kräuteromelett

500 g weißer Spargel, 1/2 l trockener Weißwein,
100 g Butter, Salz, 1 Prise Zucker,
je 1/2 Bund Kerbel, Petersilie, Estragon,
Schnittlauch, 8 Eier, frisch gemahlener
schwarzer Pfeffer, 2 Schalotten

Den Spargel wie auf Seite 11 beschrieben vorbereiten.
Den Wein in einem Topf zum Kochen bringen und
2 Esslöffel Butter darin schmelzen lassen. Mit Salz und
Zucker würzen. Den Spargel einlegen und zugedeckt
bei mittlerer Hitze in ca. 15 Minuten bissfest garen.
Herausnehmen und gut abtropfen lassen. Warm stellen. Die Kräuter waschen und trockentupfen, Blättchen
abzupfen und fein hacken. 1 Esslöffel Kräuter beiseite
legen. Eier und restliche Kräuter in einer Schüssel im
warmen Wasserbad verquirlen, bis eine schaumige
Masse entstanden ist, salzen und pfeffern. Die Schalotten schälen und sehr fein würfeln.
In einer kleinen Pfanne pro Omelett 2 Esslöffel Butter
erhitzen und 1/2 Schalotte darin glasig dünsten. Jeweils
1/4 der Eimasse hineingießen und beidseitig backen.
Die Omeletts auf vorgewärmte Teller gleiten lassen und
den Spargel portionsweise auf einer Hälfte verteilen.
Die andere Hälfte darüber klappen. Mit den beiseite
gelegten Kräutern bestreuen und sofort servieren.

 Hierzu passen frisches Weißbrot und trockener
Weißwein.

Spargelsoufflé

500 g weißer Spargel, 1 Prise Zucker,
40 g Butter, 70 g Mehl, 6 Eigelb, Salz,
frisch geriebene Muskatnuss,
1 cl Grand Marnier, 10 Eiweiß, 150 g Zucker
Außerdem: Butter, Zucker und Mehl
für die Förmchen

Den Spargel wie auf Seite 11 beschrieben vorbereiten
und in mundgerechte Stücke schneiden. Die Spargelstücke in 1 Liter Spargelsud (Rezept S. 11) mit Zucker
und 1/2 Teelöffel Butter 20 Minuten zugedeckt bei
mittlerer Hitze garen. Spargel herausnehmen und
abtropfen lassen. Den Sud so lange weiterkochen lassen, bis er auf die Hälfte reduziert ist.
Die Spargelstücke in der restlichen Butter anschwitzen, das Mehl zugeben, ebenfalls anschwitzen und
mit 1/2 Liter reduziertem Spargelsud ablöschen. Vom
Herd nehmen, etwas abkühlen lassen und dann die
Eigelbe unterrühren. Mit Salz und Muskat würzen und
mit Grand Marnier aromatisieren. Die Eiweiße mit
dem Zucker steif schlagen und vorsichtig unter die
Spargelmasse heben. Kleine feuerfeste Auflaufformen
ausbuttern, mit Zucker ausstreuen und mit Mehl aus-
stäuben. Zur Hälfte mit der Masse füllen und im vorgeheizten Backofen bei 180 °C (Heißluft 160 °C, Gas
Stufe 2) 25–30 Minuten backen.

 Dieses Soufflé eignet sich auch ausgezeichnet als
Beilage zu Fleischgerichten.

Käsecrêpes mit grünem Spargel

Für die Crêpes: 100 g Mehl, 3 Eier, 1/8 l Milch,
2 EL frisch geriebener Parmesan,
1 EL flüssige Butter
Für den Spargel: 1 kg grüner Spargel,
Salz, 1 Prise Zucker
Außerdem: Butter zum Ausbacken

Für die Crêpes das Mehl in eine Schüssel sieben. Nacheinander Eier, Milch, Parmesan und Butter zugeben und alles zu einem glatten Teig verrühren. Den Teig 30 Minuten quellen lassen.
Den Spargel wie auf Seite 11 beschrieben vorbereiten. Die Spargelstangen in reichlich Salzwasser mit dem Zucker bei mittlerer Hitze zugedeckt in 8–9 Minuten bissfest garen. Herausnehmen und abtropfen lassen, warm stellen.
In einer beschichteten Pfanne mit ca. 18 Zentimetern Durchmesser oder in einer Crêpespfanne die Crêpes zubereiten. Dazu jeweils ein wenig Butter darin zerlassen und dünne Crêpes ausbacken. Zwischen Alufolie im Ofen warm halten, bis alle 8 Crêpes ausgebacken sind. Pro Portion 2 Crêpes auf vorgewärmten Tellern anrichten, den Spargel darauf verteilen und darin einschlagen. Sofort servieren.

 Zu dieser warmen Vorspeise passt sehr gut ein feiner trockener Sherry.

Grüne Spargelquiche

300 g TK-Blätterteig, 500 g grüner Spargel,
Salz, 1 Prise Zucker, 150 g Schwarzwälder
Schinken (am Stück), 1/2 Bund Petersilie,
1/2 l Sahne, 3 Eier, 50 g geriebener Schweizer
Käse (z.B. Emmentaler oder Gruyère),
frisch gemahlener schwarzer Pfeffer,
frisch geriebene Muskatnuss

Die Blätterteigplatten auftauen lassen. Den Spargel
wie auf Seite 11 beschrieben vorbereiten und in sprudelnd kochendem Salzwasser mit Zucker in 5–7 Minuten bissfest garen. Herausnehmen, in Eiswasser abschrecken und abtropfen lassen. Spargelstangen der
Länge nach halbieren und dann so zuschneiden, dass
jede dem Radius der Auflaufform (am besten eine
Keramikform mit gewelltem Rand) entspricht, also
zwei Stangen die gesamte Breite der Quicheform aus-
füllen. Die Abschnitte beiseite legen.
Die Blätterteigplatten übereinander legen und zu einer
großen runden Teigplatte ausrollen. Die Quicheform
mit eiskaltem Wasser ausspülen und mit dem Teig
auslegen. Einen Rand hochdrücken. Überstehende
Teigränder abschneiden und beiseite legen.
Schinken in Würfel schneiden und den Teigboden
damit belegen. Petersilie waschen und trockentupfen,
die Blättchen abzupfen und fein hacken. Sahne, Eier,
Käse und Petersilie miteinander verquirlen und mit
Salz, Pfeffer und Muskat würzen. Halbierte Spargelstangen wie die Speichen eines Rads auf den Schin-

kenwürfeln auslegen und die Zwischenräume mit den Abschnitten füllen. Alles mit der Eiersahne übergießen. Die beiseite gelegten Teigreste übereinander legen, ausrollen, in schmale Streifen schneiden und die Quiche damit verzieren. In den vorgeheizten Backofen schieben und bei 220 °C (Heißluft 200 °C, Gas Stufe 3–4) in ca. 30 Minuten goldgelb backen.

 Zu dieser Quiche ist ein kräftiger Rosé ein passender Begleiter.

Spargelrisotto

500 g grüner Spargel, 50 g roher Schinken
(am Stück), 60 g Butter, frisch gemahlener Pfeffer,
Zucker, 1 Schalotte, 200 g Risottoreis (z.B. Arborio
oder Carnaroli), 1/8 l trockener Weißwein,
1/2 l Brühe, 30 g frisch geriebener Parmesan,
1 EL gehackte Petersilie

Den Spargel wie auf Seite 11 beschrieben vorbereiten.
Die Spargelstangen bis zur Spitze hin schräg in ca.
2 Zentimeter breite Scheiben schneiden, sodass kleine
Ovale entstehen. Den Schinken würfeln. Spargelscheiben und Schinken in 30 Gramm Butter 8–9 Minuten
anbraten, mit Pfeffer und Zucker würzen, vom Herd
nehmen und warm halten.
Schalotte schälen und fein würfeln. In einem Topf die
restliche Butter erhitzen und die Schalotte darin glasig
andünsten. Reis zugeben und ebenfalls unter Rühren
glasig dünsten. Wein angießen und einköcheln lassen.
Inzwischen in einem zweiten Topf Brühe zum Kochen
bringen. Den Reis unter ständigem Rühren bissfest
garen, dabei nach und nach jeweils so viel Brühe angießen, dass der Reis ständig knapp bedeckt ist.
Sobald der Reis fast gar ist, Spargel, Schinken und Parmesan untermischen und nur kurz darin erhitzen. Den
fertigen Risotto auf Tellern verteilen und mit gehackter
Petersilie bestreut servieren.

Spargel-Orangen-Salat mit Schinken

1 kg grüner Spargel, Salz, Zucker,
Saft von 1/2 Zitrone, Saft von 1/2 Orange,
4 EL Sahne, 1/2 TL Honig, 1 TL Meerrettich,
2 TL gehackte Kräuter nach Belieben,
1 EL Joghurt, 1 Spritzer Worcestersauce,
frisch gemahlener Pfeffer, 1 Orange,
einige Blätter Kopfsalat, 200 g gekochter
Schinken, 1/2 Kästchen Kresse

Spargel wie auf Seite 11 beschrieben vorbereiten und in
1 Liter Wasser mit Salz und 1 Prise Zucker 8 – 9 Minuten bei mittlerer Hitze zugedeckt garen. Stangen herausnehmen, kalt abschrecken und abtropfen lassen.
Zitronen- und Orangensaft, Sahne, Honig, Meerrettich
und Kräuter mit dem Schneebesen kräftig schlagen, bis
eine lockere, leicht schaumige Konsistenz erreicht ist.
Den Joghurt zufügen und mit Worcestersauce, Salz,
Pfeffer und Zucker würzen.
Die Orange filetieren. Die Filets ebenso wie die Spargelstangen in mundgerechte Stücke schneiden und beides mit der Sauce vermengen. 1 Stunde zugedeckt ziehen lassen. Salatblätter waschen, trockenschleudern
und in Schalen anrichten. Den Schinken in Streifen
schneiden, darüber streuen und den Salat darauf verteilen. Die Kresse waschen, mit einer Schere abschneiden und über den Salat streuen.

Spargel „Aida"

Je 250 g weißer und grüner Spargel,
Salz, Zucker, 6 Tomaten, 2 grüne Paprikaschoten,
200 g Artischockenböden (aus der Dose),
1 kleine rote Zwiebel, 1 Knoblauchzehe,
5 EL Estragonessig, 6 EL Erdnussöl,
1 TL Dijonsenf, frisch gemahlener Pfeffer,
1 Kopf Endivien- oder Frisée-Salat,
2 hart gekochte Eier, 1/2 Zitrone,
1/2 Kästchen Kresse, 1/2 Bund krause Petersilie

Spargel wie auf Seite 11 beschrieben vorbereiten und in
ausreichend Salzwasser mit 1 Prise Zucker knackig
garen, das dauert beim weißen Spargel 10–12, bei
grünem 5–7 Minuten. Spargel herausnehmen, in Eiswasser abschrecken, abtropfen und abkühlen lassen. In
mundgerechte Stücke schneiden, dabei die Stücke mit
den Spitzen länger lassen. Tomaten blanchieren, häuten, vom Stielansatz befreien, in Scheiben schneiden
und diese vierteln. Paprikaschoten von Stielansatz,
Samen sowie Scheidewänden befreien und in finger-
breite, ca. 4 Zentimeter lange Streifen schneiden. Die
Artischockenböden abtropfen lassen und vierteln.
Zwiebel und Knoblauch schälen und sehr fein hacken.
Mit Essig, Öl und Senf kräftig verrühren, mit Salz und
Pfeffer würzen. Die Salatblätter putzen, trockenschleudern und in mundgerechte Stücke zupfen.
Salatblätter auf einer Platte verteilen und mit dem vor-
bereiteten Gemüse belegen. Mit dem Dressing beträu-
feln und zugedeckt 20 Minuten kalt stellen.

Eier abschrecken, pellen und wie die Zitrone in Scheiben schneiden. Kresse und Petersilie waschen, Kresse
mit einer Schere abschneiden. Salat mit Ei- und Zitro-
nenscheiben sowie Kräutern garnieren und servieren.

Spargelsalat mit Avocado

500 g weißer Spargel, Salz, 1 Prise Zucker,
1 rosa Grapefruit, Grapefruitsaft bei Bedarf,
1 reife Avocado, Saft von 1 Zitrone,
1 TL flüssiger Honig, 4 EL Erdnussöl,
frisch gemahlener schwarzer Pfeffer

Spargel wie auf Seite 11 beschrieben vorbereiten und in
ausreichend Salzwasser mit dem Zucker in 15–20 Minuten bissfest kochen. In Eiswasser abschrecken,
abtropfen lassen und in mundgerechte Stücke schneiden. Grapefruit schälen, kurz mit kochendem Wasser
übergießen und die weiße Haut komplett entfernen.
Die Filets herausschneiden und den Saft auffangen.
Wenn dabei weniger als 2 Esslöffel Saft anfallen, mit
Grapefruitsaft auffüllen.
Die Avocado längs halbieren, vom Kern befreien und
schälen. Das Fruchtfleisch in Scheiben schneiden und
mit etwas Zitronensaft beträufeln. Spargel, Grapefruit
und Avocado in einer Schüssel vermischen. Grapefruit-
und restlichen Zitronensaft mit etwas Salz und Honig
verrühren, dann das Öl teelöffelweise einfließen lassen.
Die Zutaten mit dem Dressing beträufeln und mit Pfeffer würzen. Zugedeckt 15 Minuten ziehen lassen.

Spargelsalat „Infantenart"

1 kg weißer Spargel, Salz, Zucker,
2 hart gekochte Eier, 1 kleiner Kopfsalat,
je 1 rote und gelbe Paprikaschote, 1/2 Bund Kerbel,
4 EL Weinessig, 6 EL Pflanzenöl,
frisch gemahlener schwarzer Pfeffer

Den Spargel wie auf Seite 11 beschrieben vorbereiten.
Aus Schalen und Abschnitten einen Sud herstellen.
Spargelstangen im Sud mit 1 Prise Zucker 20–25 Minuten bei mittlerer Hitze zugedeckt garen. Spargel im
Sud erkalten lassen. Die Eier schälen und in Scheiben
schneiden. Kopfsalat putzen, in mundgerechte Stücke
teilen, waschen und trockenschleudern. Paprikaschoten von Stielansatz, Samen und Scheidewänden befreien und in Streifen schneiden.
Den Kerbel waschen und trockentupfen, Blättchen
abzupfen und grob hacken. In einer Schüssel mit Essig
und Öl verrühren. Mit Salz, Pfeffer und Zucker würzen.
Den Spargel abtropfen lassen. Den Salat auf einer
Platte oder Tellern verteilen, Spargelstangen und Paprikastreifen darauf anrichten und mit der Salatsauce
beträufeln. Mit den Eischeiben garnieren und servieren.

 Hierzu passen getoastetes Weißbrot mit rohem
Schinken und ein trockener Bocksbeutel.

Spargelsalat mit Hähnchenfleisch und Zuckerschoten

Je 500 g weißer und grüner Spargel,
Salz, Zucker, 300 g gekochtes Hähnchenfleisch,
200 g Zuckerschoten, 50 g Pinienkerne,
150 g Joghurt, 1 TL Zitronensaft, 1 Knoblauchzehe,
1 Msp. Paprikapulver, 75 g Mayonnaise,
2 Tropfen Tabascosauce, frisch gemahlener
schwarzer Pfeffer, 1 EL fein gehackte Petersilie

Den Spargel wie auf Seite 11 beschrieben vorbereiten, in mundgerechte Stücke schneiden und in reichlich Salzwasser mit 1 Prise Zucker sprudelnd knackig garen, das dauert bei weißem Spargel 10–12, bei grünem 5–7 Minuten. Spargelstücke in Eiswasser abschrecken, abtropfen lassen und kalt stellen.

Das Hähnchenfleisch in 1 Zentimeter große Würfel schneiden. Die Zuckerschoten putzen und in wenig kochendem Salzwasser 1–2 Minuten blanchieren. In Eiswasser abschrecken und abtropfen lassen. Spargelstücke, Hähnchenfleisch, Zuckerschoten und Pinienkerne in einer Schüssel vorsichtig vermischen.

Joghurt, Zitronensaft, zerdrückte Knoblauchzehe, Paprika, Mayonnaise und Tabascosauce verquirlen und mit Salz, Pfeffer und 1 Prise Zucker würzen. Die Sauce über den Salat gießen und 30 Minuten ziehen lassen. Mit der Petersilie bestreuen und servieren.

 Servieren Sie dazu Baguette und einen leicht moussierenden Weißwein oder eine Maibowle.

Deftiger Spargel-Kartoffel-Salat
mit Schinken

500 g weißer Suppen- oder Bruchspargel,
Salz, 1 Prise Zucker, 400 g kleine fest kochende
Kartoffeln, 1 Zwiebel, 1 kleine Gewürzgurke,
250 g gekochter Schinken (am Stück),
1 rote Paprikaschote, 6 EL Öl, 4 EL Kräuteressig,
1 TL scharfer Senf, frisch gemahlener Pfeffer, Zucker,
Salz, je 1/2 Bund Petersilie, Dill und Schnittlauch,
4 hart gekochte Eier, 4 Tomaten

Den Spargel wie auf Seite 11 beschrieben vorbereiten
und in sprudelnd kochendem Salzwasser mit Zucker
in 12–15 Minuten bissfest blanchieren. In Eiswasser
abschrecken, abtropfen lassen und in mundgerechte
Stücke schneiden.
Die Kartoffeln abbürsten, in Salzwasser garen, abschrecken, pellen und würfeln. Zwiebel schälen und in
hauchdünne Ringe schneiden. Die Gurke fein würfeln.
Den Schinken bei Bedarf vom Fett befreien und würfeln. Paprikaschote von Stielansatz, Samen und Scheidewänden befreien und in feine Streifen schneiden.
Alle Salatzutaten in einer Schüssel vermischen.
Öl, Essig und Senf kräftig verrühren und mit Pfeffer,
Zucker und Salz würzen. Kräuter waschen, trockentupfen, fein schneiden und in die Sauce einrühren. Über
den Salat gießen und im Kühlschrank 1 Stunde zugedeckt ziehen lassen
Die Eier pellen und vierteln. Die Tomaten blanchieren,
in Eiswasser abschrecken, häuten, vom Stielansatz

befreien und achteln. Den Salat durchmischen, bei
Bedarf nachwürzen und portionsweise anrichten. Mit
Eiern und Tomaten garnieren und servieren.

Insalata Roma

500 g weißer Spargel, Salz, 1 Prise Zucker,
6 kleine in Öl eingelegte Artischockenherzen,
4 vollreife Tomaten, 4 kleine Frühlingszwiebeln,
Saft von 1 Zitrone, 5 EL Olivenöl (extra vergine),
1 EL gehackte Zitronenmelisse,
frisch gemahlener schwarzer Pfeffer

Den Spargel wie auf Seite 11 beschrieben vorbereiten
und in ausreichend Salzwasser mit Zucker bei mittlerer Hitze zugedeckt 15–20 Minuten bissfest garen.
Stangen herausnehmen, in Eiswasser abschrecken,
abtropfen lassen und in mundgerechte Stücke schneiden. Die Artischockenherzen abtropfen lassen und
halbieren. Tomaten in kochendem Wasser blanchieren, in Eiswasser abschrecken, häuten, vom Stielansatz befreien und achteln. Frühlingszwiebeln putzen,
in Ringe schneiden und vorsichtig mit Spargel, Arti-
schocken und Tomaten mischen. In einer Salatschüs-
sel oder auf Tellern anrichten.
Aus Zitronensaft, Olivenöl und Salz ein Dressing rühren und den angerichteten Salat damit beträufeln. Mit
Zitronenmelisse bestreuen, mit Pfeffer übermahlen
und servieren.

Bunter Spargel-Spaghetti-Salat

Je 250 g weißer und grüner Spargel, Salz, Zucker,
je 100 g gelbe und rote Spaghetti,
1 kleine Zwiebel, 150 g Pfifferlinge, 7 EL Olivenöl
(extra vergine), 1 Bund glatte Petersilie,
3 EL milder Weinessig, 2 EL trockener Weißwein,
frisch gemahlener schwarzer Pfeffer

Den Spargel wie auf Seite 11 beschrieben vorbereiten.
Die Stangen in kochendem Salzwasser mit 1 Prise
Zucker knackig garen, das dauert bei weißem Spargel
10–12, bei grünem 5–7 Minuten. Herausnehmen, in
Eiswasser abschrecken, abtropfen lassen. Nach dem
Abkühlen in mundgerechte Stücke schneiden. Inzwischen die Spaghetti im Spargelwasser bissfest garen,
in einem Sieb abtropfen und abkühlen lassen.
Die Zwiebel schälen und sehr fein würfeln. Die Pfifferlinge mit einem Küchentuch abreiben und je nach
Größe vierteln oder halbieren. 2 Esslöffel Olivenöl in
einer Pfanne erhitzen und die Zwiebel darin glasig
dünsten, die Pfifferlinge zugeben und mitgaren. Petersilie waschen und trockentupfen, die Blättchen abzupfen und fein hacken. Die Hälfte davon zur Zwiebel-Pilz-
Mischung geben (den Rest beiseite stellen) und kurz
mitdünsten, abkühlen lassen.
Aus Essig, Wein, restlichem Öl, Salz, Zucker und Pfeffer ein Dressing herstellen. Die abgekühlten Zutaten
vorsichtig untermischen. Zugedeckt 30 Minuten ziehen lassen. Auf Tellern anrichten und mit der restlichen Petersilie bestreut servieren.

Spargelsalat „exotic"

Je 250 g weißer und grüner Spargel, Salz, Zucker,
1 Mango, Saft von 1/2 Zitrone, 300 g Garnelen
(auch TK), 150 g Ananasstücke (aus der Dose),
150 g Bambussprossen (aus der Dose), 1 Banane,
2 EL Kokosraspel, 100 g Crème fraîche,
2 EL Sahne, Cayennepfeffer

Spargel wie auf Seite 11 beschrieben vorbereiten. Beide
Spargelsorten in Salzwasser mit 1 Prise Zucker knackig
garen, das dauert bei weißem Spargel 10–12 bei grünem 5–7 Minuten. Herausnehmen, in Eiswasser abschrecken, gut abtropfen lassen und in mundgerechte
Stücke schneiden.
Die Mango schälen, Fruchtfleisch vom Kern abschneiden, mit ganz wenig Zitronensaft beträufeln und würfeln. Die Garnelen falls nötig auftauen. Ananas in
einem Sieb abtropfen lassen, dabei den Saft auffangen. Bambussprossen ebenfalls abtropfen lassen und
in feine Streifen schneiden. Banane schälen und in
Scheiben schneiden. Die Garnelen (ohne Schalen) mit
den Fruchtstücken mischen, den Spargel vorsichtig
unterheben. Alles mit Kokosraspeln bestreuen und
vorsichtig durchmischen.
Aus Crème fraîche, restlichem Zitronensaft, Sahne
und 2 Esslöffeln Ananassaft eine Sauce rühren und mit
Cayennepfeffer und evtl. etwas Salz würzen. Über den
Salat gießen, leicht vermengen und sofort servieren.

Spargel-Reis-Salat

125 g Langkornreis, mit wildem Reis gemischt,
Salz, 100 g TK-Erbsen, 2 Fleischtomaten,
2 Frühlingszwiebeln, 500 g weißer Spargel,
1 Prise Zucker, 100 g mittelalter Gouda (am Stück)
2 EL Mayonnaise, 2 EL Joghurt,
1 EL mildes Currypulver, 1 Prise Cayennepfeffer,
2 EL milder Weißweinessig, frisch gemahlener
schwarzer Pfeffer, 1 Bund Schnittlauch

Die Reismischung in ausreichend kochendem Salzwasser nach Packungsanleitung ausquellen lassen,
kalt abschrecken und in einem Sieb gründlich abtropfen lassen. Die Erbsen in kochendem Wasser garen,
abschrecken und ebenfalls abtropfen lassen. Tomaten
blanchieren, abschrecken, häuten, von Stielansatz und
Kernen befreien und das Fruchtfleisch klein würfeln.

Die Frühlingszwiebeln putzen, waschen und in möglichst feine Ringe schneiden.
Spargel wie auf Seite 11 beschrieben vorbereiten und in ausreichend Salzwasser mit Zucker in 15–20 Minuten zugedeckt bei mittlerer Hitze bissfest garen. Spargelstangen herausnehmen, abschrecken, abtropfen lassen und in mundgerechte Stücke schneiden. Den Käse klein würfeln. Reis, Erbsen, Tomaten, Frühlingszwiebeln, Spargel und Käse vorsichtig vermischen.
Aus Mayonnaise, Joghurt, Curry, Cayennepfeffer und Essig, Salz und Pfeffer eine würzige Salatsauce rühren. Schnittlauch waschen, trockentupfen und in feine Röllchen schneiden. Die Hälfte davon unter die Sauce rühren. Den Salat damit begießen, gut durchmischen und zugedeckt ca. 30 Minuten kalt stellen. Nochmals abschmecken, auf Tellern oder in Schüsselchen anrichten und mit dem restlichen Schnittlauch bestreuen. Nach Belieben mit Pfeffer übermahlen.

Suppen

Wer Spargelsuppen zubereiten oder Spargel als Suppeneinlage verwenden möchte, sollte stets darauf achten, dass die Stangen sorgfältig geschält und möglichst schonend gegart werden – nur so kann ihr herrlicher Geschmack voll zur Geltung kommen.

Bei fast allen Suppenrezepten in diesem Kapitel ist der Spargel in mundgerechte Stücke zu schneiden oder aber – für Cremesuppen – zu pürieren. In beiden Fällen sollte der Spargel durchgegart sein. Nur wenn die Stangen als Suppeneinlage verwendet werden, können sie nach Gusto auch knackig blanchiert oder aber bissfest zubereitet werden.

Die folgenden Spargelsuppen-Rezepte bieten eine Vielfalt von Geschmacksvariationen, sodass Suppen als Vorspeise, als Zwischen- oder Hauptgericht serviert werden können. Doch eines ist allen gemeinsam: Der Spargel ist stets Basis und Hauptgeschmacksgeber.

Spargelcremesuppe

1 kg Suppen- oder Bruchspargel, 1 l Spargelsud,
1/8 l Milch, 1 Eigelb, 20 g Mehl, 1/8 l Sahne,
Worcestersauce, Saft von 1/2 Zitrone

Spargel wie auf Seite 11 beschrieben vorbereiten und in
mundgerechte Stücke schneiden. Aus Schalen und Abschnitten einen Sud herstellen und den Spargel darin
15–20 Minuten garen. Sud abgießen und auffangen.
Die Milch mit Eigelb, Mehl und Sahne kalt verrühren
und in den kochenden Spargelsud einrühren. Mit Worcestersauce und Zitronensaft würzen. Den Topf vom
Herd nehmen, die gegarten Spargelstücke einlegen
und etwa 5 Minuten ziehen lassen.

Grüne Spargelsuppe mit Minze

1 kg grüner Spargel, 1 Prise Zucker,
900 ml klare Hühnerbrühe, 1 Hand voll frische
Minzeblätter, Salz, frisch gemahlener schwarzer
Pfeffer, 300 ml Milch, 300 ml Sahne

Spargel wie auf Seite 11 beschrieben vorbereiten und in kleine Stücke schneiden. Mit dem Zucker in der Hühnerbrühe zum Kochen bringen. Minze zugeben, dabei einige Blättchen für die Garnitur beiseite legen. Insgesamt 15 Minuten köcheln lassen.
Minze und Spargel im Topf mit dem Mixstab pürieren, durch ein Haarsieb passieren, salzen und pfeffern. Die Milch zugeben und die Suppe aufkochen lassen.
Die Sahne steif schlagen. Die Suppe in Tellern anrichten, jeweils mit einem Klecks Sahne und den restlichen Minzeblättchen garnieren.

 Diese Suppe weicht etwas vom Spargel-Norm-Geschmack ab und ist selbst für Kenner etwas Besonderes.

Grüne Spargelcremesuppe
mit Croûtons

500 g grüner Spargel, 1/2 l Kalbsfond,
1 Prise Zucker, 2 EL Crème fraîche, Salz,
frisch gemahlener Pfeffer, 1 EL Zitronensaft,
2 Scheiben Roggentoast, 3 EL Erdnussöl,
2 EL Sonnenblumenkerne, 1/2 Bund Schnittlauch

Spargel wie auf Seite 11 beschrieben vorbereiten. Kalbsfond mit Wasser auf 1 Liter auffüllen. Die Spargelstücke
darin unter Zugabe von Zucker zugedeckt bei mittlerer
Hitze 10–15 Minuten garen. Den Spargel herausheben,
die Spargelköpfe großzügig abschneiden (5 Zentimeter)
und beiseite legen. Die Stangen selbst wieder in die
Brühe einlegen und darin sehr weich kochen. Die Suppe
pürieren und durch ein Haarsieb passieren. Crème
fraîche einrühren und mit Salz, Pfeffer und Zitronensaft
würzen. Nochmals kurz aufkochen. Spargelspitzen in
die Suppe einlegen und darin erwärmen. Vorsicht, nicht
mehr kochen lassen!
Das Toastbrot klein würfeln und im heißen Öl knusprig
braten. Unter Rühren die Sonnenblumenkerne zufügen
und anrösten. Auf Küchenpapier abtropfen lassen.
Schnittlauch waschen, trockentupfen und in feine Röllchen schneiden. Die Suppe in Teller oder Suppen-
schalen verteilen, mit Croûtons und Schnittlauchröllchen bestreuen und servieren.

 Als Tischwein passt dazu ein grünen Veltliner
besonders gut.

Spargel-Kartoffel-Cremesuppe mit Garnelen

500 g grüner Spargel, Zucker, 250 g mehlig
kochende Kartoffeln, 1/2 l Hühnerbrühe,
6 EL Sahne, Salz, frisch gemahlener
schwarzer Pfeffer, 100 g Garnelen (auch TK),
2 Dillzweige, 1 EL Butter

Spargel wie auf Seite 11 beschrieben vorbereiten und in
reichlich sprudelndem Salzwasser mit 1 Prise Zucker
in 5−7 Minuten bissfest garen. Spargel herausheben,
in Eiswasser abschrecken, die Spitzen 5 Zentimeter
lang abschneiden und warm stellen. Die Spargelbrühe
noch aufbewahren.
Die Kartoffeln schälen, waschen und fein würfeln. Die
Hühnerbrühe mit 1/2 Liter des Spargelsuds zum
Kochen bringen und die Kartoffelwürfel mit den Spargelstangen darin in 20−25 Minuten weich kochen. Die
Brühe durch ein Sieb gießen und auffangen. Kartoffel-
und Spargelstücke mit der Sahne im Mixer fein pürieren und wieder unter die Brühe rühren. Mit Salz, Pfeffer und etwas Zucker würzen und erneut erhitzen.
Die Garnelen bei Bedarf auftauen. Den Dill waschen,
trockentupfen und abzupfen. Die Butter erhitzen und
die Garnelen zusammen mit den Spargelspitzen darin
schwenken. Die Suppe auf vorgewärmten Tellern anrichten, Garnelen und Spargelspitzen in die Mitte setzen und mit etwas Dill garniert servieren.

Eisgekühlte Sommer-Spargelsuppe

750 g weißer Suppen- oder Bruchspargel,
1 1/2 l Spargelsud oder Gemüsebrühe,
1/2 Zwiebel, 4 EL Erdnussöl, Kräutersalz,
frisch gemahlener Pfeffer, 1/2 l Sahne,
1 TL gehackte Petersilie, abgeriebene Schale
von 1/2 unbehandelten Zitrone

Spargel wie auf Seite 11 beschrieben vorbereiten. Aus Abschnitten und Schalen einen Sud herstellen. Vom Sud bzw. der Gemüsebrühe 1 1/2 Liter abmessen und beiseite stellen. Den Spargel in mundgerechte Stücke schneiden, dabei die Stücke mit den Köpfen 4 Zentimeter lang belassen. Spargelköpfe beiseite stellen. Die Zwiebel schälen, sehr fein hacken und im Öl goldgelb dünsten. 1 Liter Spargelsud bzw. Brühe angießen und die Spargelstücke (ohne Köpfe) zugeben. Bei mittlerer Hitze zugedeckt 25–30 Minuten garen. Die Suppe mit dem Mixstab pürieren. Mit Kräutersalz und Pfeffer abschmecken und kalt stellen.
Die Spargelköpfe im restlichen beiseite gestellten Spargelsud bzw. in der Gemüsebrühe zugedeckt bei mittlerer Hitze 15 Minuten garen. Herausnehmen, abtropfen und abkühlen lassen. Die Sahne steif schlagen, unter die erkaltete Suppe ziehen, nochmals abschmecken. Spargelköpfe einlegen und mit gehackter Petersilie und Zitronenschale bestreut servieren.

Frühlingssuppe mit Spargel

100 g Blumenkohl, 100 g junge Erbsen
(oder Zuckererbsen), je 250 g weißer und
grüner Spargel, 100 g junge Möhren,
100 g Kohlrabi, 100 g grüne Bohnen,
1 1/2 l Gemüsebrühe, Salz, brauner Zucker,
je 1/2 Bund Schnittlauch und Petersilie

Das Gemüse schälen bzw. putzen. Den Blumenkohl in
Röschen zerteilen, die Erbsen enthülsen (Zuckererbsen nur waschen), die restlichen Gemüsesorten in
gleich große Stücke schneiden.
Die Brühe in einem Topf zum Kochen bringen. Weißen
Spargel, Möhren und Kohlrabi einlegen. Nach 5 Minuten Bohnen, Blumenkohl, Erbsen und grünen Spargel
zugeben und alles 12–15 Minuten leicht sieden lassen.
Mit Salz und braunem Zucker würzen. Schnittlauch
und Petersilie waschen, trockentupfen, klein schneiden und vor dem Servieren über die Suppe streuen.

 Sie können die Gemüsebrühe auch selbst herstellen, indem Sie die Reste und Strünke der verschiedenen Gemüsesorten in kochendem Salzwasser garen und den Sud durch ein Sieb seihen.

Consommé mit Spargel und Kalbfleischbällchen

1 Kalbsknochen, Salz, 500 g weißer Bruch- oder
Suppenspargel, 1 Prise Zucker, 2 Eiweiß,
250 g gehacktes Kalbfleisch, abgeriebene Schale von
1/2 unbehandelten Zitrone, 1 kleines Ei, 2 EL Sahne,
1 EL Semmelbrösel, frisch gemahlener Pfeffer,
1 TL gehackte Petersilie

Kalbsknochen waschen und in 1 1/2 Liter leicht gesal-
zenem Wasser 30 Minuten kochen. Spargel wie auf
Seite 11 beschrieben vorbereiten. Abschnitte und Schalen mit dem Zucker zum Knochen geben und 15 Minuten mitkochen. Die Brühe durch ein Sieb seihen und
zurück in den Topf geben. Den Spargel in mundgerechte Stücke schneiden und in der Brühe zugedeckt
bei mittlerer Hitze 15–20 Minuten garen. Herause-
ben, abtropfen lassen und warm stellen.
Die Eiweiße aufschlagen und in der Brühe 15–20 Minuten stocken lassen, sie darf dabei nicht kochen!
Dann die Consommé durch ein mit einem Küchentuch
ausgelegtes Sieb gießen. Die nun klare Consommé
wieder in einen Topf geben und erwärmen. Aus ge-
hacktem Kalbfleisch, Zitronenschale, Ei und Sahne
unter Zugabe der Semmelbrösel einen glatten Fleisch-
teig zubereiten und kräftig mit Salz und Pfeffer würzen. Daraus Klößchen formen und in der Consommé
gar ziehen lassen. Die Spargelstücke zugeben und
darin kurz erwärmen. Die Consommé auf Tellern verteilen und mit Petersilie bestreut servieren.

Fleisch- und Geflügelgerichte

Ist Ihnen nach „Spargel satt" zumute, den Sie am liebsten dann noch mit Fleisch und Geflügel kombinieren würden? Kein Problem! Auf den folgenden Seiten finden Sie zahlreiche Rezepte, die auf die Hauptbestandteile Spargel plus Fleisch abgestimmt sind. Lassen Sie sich überraschen von feinen Kombinationen, bei denen der Spargelgeschmack durch das Nebeneinander noch betont wird.

Wenn Sie mögen, stellen Sie doch einmal ein komplettes Spargelmenü zusammen – die Fülle der Rezepte macht es Ihnen leicht, zu jedem Anlass das Richtige auf den Tisch zu bringen.

Spargel-Kohlrabi-Gratin mit Hähnchen

400 g Hähnchenbrustfilets, 1 EL Erdnussöl,
Salz, frisch gemahlener schwarzer Pfeffer,
500 g grüner Spargel, 3 mittelgroße Kohlrabi,
1 Prise Zucker, 150 g Sahne,
1–2 TL heller Saucenbinder, 1 Ei, 1 Eigelb,
25 g frisch geriebener Parmesan,
Außerdem: Butter für die Form,
Kerbel zum Garnieren

Die Hähnchenbrustfilets waschen und trockentupfen.
Öl erhitzen, die Filets darin rundherum anbraten, salzen und pfeffern, herausnehmen und warm halten.
Den Spargel wie auf Seite 11 beschrieben vorbereiten.
Die Köpfe abschneiden, den Rest der Spargelstangen
schräg in dünne Scheiben schneiden. Kohlrabi schälen,
halbieren und ebenfalls in dünne Scheiben schneiden.
Spargel und Kohlrabi in ausreichend Wasser mit Salz
und Zucker ca. 5 Minuten blanchieren. Herausheben,
1/8 Liter Sud abmessen und mit der Sahne aufkochen.
Saucenbinder einrühren. Ei und Eigelb verquirlen, mit
etwas heißer Sauce verrühren und ebenfalls in die
Sauce einrühren, salzen und pfeffern.
Die Hähnchenbrustfilets in Scheiben schneiden. Ab-
wechselnd Fleischscheiben, Kohlrabi und Spargel in
eine gefettete Auflaufform schichten. Sauce darüber
gießen und mit Parmesan bestreuen. Im auf 200 °C
(Heißluft 180 °C, Gas Stufe 3) vorgeheizten Backofen
30–35 Minuten überbacken. Mit dem Kerbel garnieren
und sofort servieren.

Hühnerfrikassee mit Spargel

1 junges küchenfertiges Suppenhuhn,
1 Bund Suppengrün, 5 schwarze Pfefferkörner, Salz,
500 g weißer Suppen- oder Bruchspargel,
1 Prise Zucker, 150 g kleine Champignons,
20 g Butter, Saft und abgeriebene Schale von
1 unbehandelten Zitrone, 4 EL Crème fraîche,
2 Eigelb, frisch gemahlener Pfeffer, frisch geriebene
Muskatnuss, 1/2 Bund Petersilie

Das Suppenhuhn waschen, mit dem geputzten und klein geschnittenen Suppengrün und den Pfefferkörnern in 1 1/2 Liter Salzwasser in 1 1/2–2 Stunden weich kochen. Das Huhn herausheben und abkühlen lassen. Das Fleisch vom Knochen lösen und in mundgerechte Stücke schneiden. Die Hühnerbrühe durch ein Sieb seihen und so lange weiterköcheln lassen, bis sie auf 3/8 Liter reduziert ist.

Den Spargel wie auf Seite 11 beschrieben vorbereiten. Aus Abschnitten und Schalen einen Sud herstellen. Die Stangen in mundgerechte Stücke schneiden und im Sud unter Zugabe des Zuckers 10 Minuten garen. Herausheben, in Eiswasser abschrecken und abtropfen lassen. Den Sud zur Hühnerbrühe geben und alles zusammen auf 3/4 Liter reduzieren. Die Champignons putzen und in der erhitzten Butter leicht anbraten, warm halten.

Die reduzierte Brühe mit Zitronensaft, etwa der Hälfte der Zitronenschale und der Crème fraîche verrühren und auf die gewünschte Konsistenz einkochen lassen.

Die Sauce vom Herd nehmen und mit den verquirlten Eigelben verrühren. Vorsicht, die Sauce darf nun nicht mehr kochen!
Das klein geschnittene Hühnerfleisch, die Spargelstücke sowie die Champignons in die Sauce geben und alles vorsichtig mischen. Mit Salz, Pfeffer und Muskat würzen. Noch einmal erwärmen, aber nicht kochen lassen. Die Petersilie waschen und trockentupfen, die Blättchen abzupfen und fein hacken. Das Frikassee auf vorgewärmten Tellern anrichten und mit der Petersilie und dem Rest der Zitronenschale bestreuen.

 Reis ist die klassische Beilage dazu, aber auch Eierbandnudeln passen sehr gut. Wer mag, kann das Frikasse noch mit ein paar Kapern abrunden.

Kasselerpasteten mit Spargel

2 kg weißer Spargel, 1 Prise Zucker, 500 g Kasseler
am Stück, 2 Zwiebeln, 250 g Champignons,
2 EL Zitronensaft, 20 g Butter, 200 ml Sahne,
4 Blätterteigpasteten, 100 ml Milch,
30 g Mehl, Salz, frisch gemahlener Pfeffer,
Kerbel oder Petersilie zum Garnieren

Den Spargel wie auf Seite 11 beschrieben vorbereiten.
Aus Abschnitten und Schalen einen Sud herstellen.
Davon 1/2 Liter abmessen und beiseite stellen. Die
Spargelstangen im restlichen Sud mit dem Zucker
zugedeckt 15–20 Minuten garen. Herausheben und
warm stellen.

Kasseler waschen, trockentupfen und würfeln. Zwiebeln schälen und ebenfalls würfeln. Champignons putzen und in Scheiben schneiden, mit wenig Zitronensaft beträufeln. Butter in einer Pfanne erhitzen und die
Zwiebeln darin glasig dünsten. Kasseler und Pilze kurz
mitbraten und mit 3/8 Liter des beiseite gestellten
Spargelsuds und der Sahne ablöschen. Aufkochen und
knapp 10 Minuten köcheln lassen. Inzwischen die
Pasteten im auf 200 °C (Heißluft 180 °C, Gas Stufe 3)
vorgeheizten Backofen 5 Minuten aufbacken.

Den restlichen Spargelsud zum Ragout gießen und
aufkochen. Milch und Mehl glatt rühren, das Ragout
damit binden und nochmals durchkochen lassen. Mit
Salz, Pfeffer und restlichem Zitronensaft würzen und
die Pasteten damit füllen. Mit den Spargelstangen auf
Tellern anrichten und mit Kräutern garniert servieren.

Spargelrouladen

1 kg grüner Spargel, Salz, 1 Prise Zucker,
4 dünne Schmetterlingsschnitzel, frisch gemahlener
Pfeffer, 4 Scheiben gekochter Schinken (à 50 g),
4 Scheiben Gouda oder Butterkäse, 4 EL Erdnussöl,
1/2 l klare Fleischbrühe, 100 ml Sahne,
2–3 EL dunkler Saucenbinder, 1 kleiner Kopf
Spitzkohl, 250 g Champignons,
3 kleine Zwiebeln, frisch geriebene Muskatnuss
Außerdem: Zahnstocher

Den Spargel wie auf Seite 11 beschrieben vorbereiten.
In reichlich Salzwasser mit dem Zucker 5 Minuten blanchieren, herausnehmen und abtropfen lassen.
Die Schnitzel flach klopfen, pfeffern und mit jeweils
1 Scheibe Schinken und Käse belegen. Spargelstangen
darauf verteilen und darin einrollen. Mit Zahnstochern
feststecken. Überstehende Enden abschneiden. Die
Rouladen in 2 Esslöffeln Öl rundherum anbraten. Mit
der Brühe ablöschen und 15–20 Minuten zugedeckt
schmoren, herausheben und warm halten. Die Sauce
mit der Sahne aufkochen, mit dem Saucenbinder binden und abschmecken.
Inzwischen Kohl und Pilze putzen. Kohl in Streifen,
Pilze in Scheiben schneiden. Zwiebeln schälen und in
Spalten schneiden. Das restliche Öl erhitzen, Gemüse
und Pilze darin andünsten. 1/8 Liter Wasser zugießen und zugedeckt 10 Minuten köcheln lassen. Abgießen und mit Muskat würzen. Rouladen und Gemüse
auf Tellern anrichten und mit der Sauce begießen.

Spargel mit Schweinefilet im Blätterteig

300 g TK-Blätterteig, 2 Schweinefilets
(insgesamt ca. 600 g), 2 EL Speiseöl, 1 Ei
Für die Farce: 2 kleine Zwiebeln, 3 Bund Kerbel,
1 EL körniger Senf, 100 g Sahnefrischkäse,
Salz, frisch gemahlener Pfeffer
Für den Spargel: 500 g grüner Spargel,
Salz, 1 Prise Zucker, 2 mittelgroße Tomaten,
100 g Shiitake-Pilze (ersatzweise Champignons
oder Austernpilze), 1 EL Speiseöl, 200 ml Sahne

Den Blätterteig auftauen. Für die Farce Zwiebeln schälen und fein hacken. Kerbel waschen und trockentupfen, die Blättchen abzupfen und fein hacken. Zwiebeln,
Kerbel, Senf und Frischkäse vermischen, mit Salz und
Pfeffer würzen, kurz kalt stellen.
Die Filets im heißen Öl rundherum anbraten. Die Blätterteigplatten aufeinander legen, zu 2 Teigplatten von
20 x 26 Zentimetern ausrollen und jeweils mit der Häl-
te der Farce bestreichen, dabei einen Rand von 1 Zentimeter frei lassen. Das Ei trennen und die Teigränder
mit Eiweiß bestreichen. Die Filets in die Teigstücke einschlagen. Teigrollen mit Eigelb bestreichen und im auf
200 °C (Heißluft 180 °C, Gas Stufe 3) vorgeheizten
Backofen in ca. 25 Minuten goldgelb backen.
Spargel wie auf Seite 11 beschrieben vorbereiten und
mit dem Zucker in reichlich sprudelndem Salzwasser
zugedeckt bei mittlerer Hitze 10 Minuten garen. Herausheben und abtropfen lassen. Tomaten blanchieren,
vom Stielansatz befreien, häuten und würfeln. Pilze

putzen und vierteln. Tomaten und Pilze im Öl 5 Minuten dünsten. Würzen und die Sahne einrühren. Einkochen lassen und nochmals abschmecken. Spargel untermischen und mit den Filetpäckchen anrichten.

Spargel „Badische Art"

2 kg weißer Spargel, Salz, 1 EL Zitronensaft,
1 Prise Zucker, 150 g Mehl, 2 Eier,
1/2 l Mineralwasser, 3 EL Butterschmalz,
200 g Schwarzwälder Schinken,
1/2 Bund glatte Petersilie, gehackt

Spargel wie auf Seite 11 beschrieben vorbereiten. Für den Sud die Abschnitte und Schalen in ca. 1 Liter Wasser 15 Minuten sprudelnd kochen und anschließend durch ein Sieb seihen. Spargelstangen im Sud mit Salz, Zitronensaft und Zucker bei mittlerer Hitze zugedeckt 20–25 Minuten garen, herausnehmen und warm stellen. Aus Mehl, Eiern, Mineralwasser und 1 Prise Salz einen dünnflüssigen Pfannkuchenteig rühren. In einer Pfanne im heißen Butterschmalz handtellergroße Pfannkuchen ausbacken. Den Spargel auf Tellern anrichten und damit belegen. Den Schinken fein würfeln und die Pfannkuchen damit bestreuen. Mit Petersilie garnieren und servieren.

 Hier sind als Beilage neue Kartoffeln und als Getränk ein Bier ideal.

Gerichte mit Fisch und Meeresfrüchten

Nicht umsonst kennt man viele klassische Kombinationen von Spargel mit Fisch oder Meeresfrüchten. Denn das zarte Aroma der weißen und grünen Stangen kann sich hierbei bestens behaupten. Ob in asiatischem Gewand aus dem Wok, eher klassisch als Pastete oder in Kombination mit Lachs oder Scholle: Spargel harmoniert bestens mit allem, was Süß- und Salzwasser zu bieten haben.

Spargel mit Garnelen aus dem Wok

1 cm frischer Ingwer, 1 kg grüner Spargel,
3 Frühlingszwiebeln, 2 Knoblauchzehen,
5 EL Erdnussöl, 1 EL Reiswein (ersatzweise
trockener Sherry), 1/8 l klare Fleisch- oder
Kraftbrühe, 250 g gekochtes Garnelenfleisch,
2 EL Austernsauce, Salz, 1/2 TL Speisestärke

Ingwer schälen und in 4 dünne Scheiben schneiden.
Den Spargel wie auf Seite 11 beschrieben vorbereiten
und in Stücke schneiden, Spargelspitzen 5 Zentimeter
lang belassen. Die Frühlingszwiebeln putzen und das
Weiße in schmale Ringe schneiden. Knoblauch schälen und fein hacken.
Einen Wok stark erhitzen, 3 Esslöffel Öl hineingießen
und darin schwenken. Ingwer kurz anbraten. Spargel
zugeben und ca. 3 Minuten pfannenrühren. Die Hälfte
des Reisweins (oder des Sherrys) seitlich einlaufen und
einkochen lassen. Die Hitze reduzieren, 3 Esslöffel
Brühe zugeben und den Wokinhalt zugedeckt bei geringer Hitze 4 Minuten köcheln lassen. Den Spargel herausheben und warm halten.
Den Wok auswischen und erneut stark erhitzen. Restli-
ches Öl hineingießen und darin schwenken. Frühlingszwiebeln und Knoblauch anbraten, das Garnelenfleisch
untermischen und erhitzen. Den restlichen Reiswein
(oder Sherry) unterrühren. Restliche Brühe, Austernsauce, bei Bedarf etwas Salz und Speisestärke verrühren und die Sauce damit binden. Mit dem warmen
Spargel anrichten und sofort servieren.

Fischpastete mit grünem Spargel

250 g grüner Spargel, Salz, 1 Prise Zucker,
500 g gut gekühltes Fischfilet (z.B. Seezunge oder
Hecht), 200 g eiskalte Sahne, 1 Eiweiß, abgeriebene
Schale von 1 Limette, frisch gemahlener Pfeffer,
Cayennepfeffer, 3 gehackte Estragonblätter,
100 g geräucherter Lachs in dünnen Scheiben
Außerdem: Butter für die Form

Den Spargel wie auf Seite 11 beschrieben vorbereiten und in reichlich sprudelnd kochendem Salzwasser mit dem Zucker 3–5 Minuten blanchieren. Herausheben, in Eiswasser abschrecken, sehr gut abtropfen lassen, auf die Länge der Pastetenform kürzen und längs halbieren. Fischfilets klein schneiden und im Mixer fein pürieren. Sahne und Eiweiß teelöffelweise zugeben, mit Salz, Limettenschale, Pfeffer, Cayennepfeffer und Estragon würzen. 30 Minuten kalt stellen.

Die Pastetenform ausbuttern und mit Lachsscheiben auslegen. Etwa ein Drittel der Fischfarce einfüllen und die Hälfte der Spargelstangen darauf verteilen. Den Vorgang wiederholen und mit der Farce abschließen und diese glatt streichen. Die Pastetenform in eine größere Auflaufform stellen und 1 Zentimeter hoch Wasser hineingießen. Pastetenform fest mit Alufolie verschließen, mit der Auflaufform in den auf 180 °C (Heißluft 160 °C, Gas Stufe 2) vorgeheizten Backofen stellen und die Pastete 35–40 Minuten garen. Danach am besten über Nacht in der Form erkalten lassen. Stürzen und in Scheiben geschnitten servieren.

Spargel mit Lachs

Je 250 g weißer und grüner Spargel,
1 Prise Zucker, 250 g Champignons,
1 mittelgroße Zwiebel, 20 g Butter, Salz,
frisch gemahlener Pfeffer, 100 ml trockener
Weißwein, 1/4 l Sahne, 1–2 EL heller Saucenbinder, 2 Eigelb, 1 EL Zitronensaft,
200 g Räucherlachs in Scheiben

Den Spargel wie auf Seite 11 beschrieben vorbereiten.
Aus Abschnitten und Schalen einen Sud herstellen.
Spargelstangen in mundgerechte Stücke schneiden
und im Sud mit Zucker bei geringer Hitze zugedeckt
garen, das dauert bei weißem Spargel 15–20, bei grünem 8–9 Minuten. Den Sud abgießen und beiseite
stellen, den Spargel warm halten.
Pilze putzen und je nach Größe ganz belassen oder
halbieren. Zwiebel schälen und würfeln. Butter erhitzen, Pilze darin leicht anbraten, salzen, pfeffern, herausnehmen und warm halten. Zwiebel im restlichen
Fett glasig dünsten. Mit Wein und 200 Millilitern Spargelsud ablöschen, aufkochen lassen und die Sahne
zugeben. Saucenbinder einrühren und aufkochen. Bei
geringer Hitze köcheln lassen. Die Eigelbe mit etwas
heißer Sauce verrühren und dann unterrühren. Vorsicht, danach darf sie nicht mehr kochen!
Spargel und Pilze wieder in die Sauce einlegen und
diese mit Zitronensaft, Salz und Pfeffer abschmecken.
Den Lachs in Streifen schneiden und unter die Sauce
heben. Mit breiten Bandnudeln servieren.

Frikassee vom weißen Spargel mit Hechtnocken

300 g Hechtfilet (ersatzweise Seezunge),
Salz, frisch gemahlener Pfeffer,
500 g weißer Bruch- oder Suppenspargel,
1 Prise Zucker, 30 g Butter, 20 g Mehl,
1/8 l trockener Weißwein, 3/8 l eiskalte Sahne,
2 Eigelb, Saft und abgeriebene Schale von
1/2 unbehandelten Zitrone, einige Zweige Dill

Das Fischfilet würfeln und im Mixer oder mit dem Pürierstab sehr fein pürieren. Salzen, pfeffern und zugedeckt im Kühlschrank 30 Minuten ruhen lassen.
Inzwischen den Spargel wie auf Seite 11 beschrieben vorbereiten. Aus Abschnitten und Schalen 3/4 Liter Sud herstellen. Spargel in feine Scheiben schneiden und im Sud mit Zucker zugedeckt 15–20 Minuten bei mittlerer Hitze weich garen. Spargelscheiben in ein Sieb gießen und warm halten, den Sud auffangen.
Die Butter in einem Topf aufschäumen, das Mehl einstreuen, mit Weißwein ablöschen und mit 1/2 Liter Spargelsud auffüllen. Alles bei kleiner Hitze einkochen lassen und gelegentlich umrühren. Den Rest des Spargelsuds erhitzen und unter dem Siedepunkt halten, er darf nicht kochen.
Das pürierte Fischfleisch in eine Metallschüssel füllen und diese in eine zweite, mit Eiswasser gefüllte Schüssel stellen. Nach und nach 1/4 Liter der eiskalten Sahne mit dem Handrührer unterrühren und die Masse mit Salz und Pfeffer kräftig würzen.

Mit zwei Teelöffeln Nocken abstechen und im leicht siedenden Spargelsud in 8–10 Minuten garziehen lassen, dabei darf der Sud nicht kochen.

Die restliche Sahne mit den Eigelben verquirlen und unter die Sauce mischen, sie darf danach nicht mehr kochen. Mit Zitronensaft und -schale würzen. Die Spargelscheiben in die Sauce einlegen und darin erwärmen. Die Fischnocken mit dem Schaumlöffel aus dem Sud heben und vorsichtig unter das Frikassée mischen. Den Dill waschen, trockentupfen, abzupfen und fein hacken. Das Frikassee auf vorgewärmten Tellern anrichten und mit Dill bestreut servieren.

 Hierzu schmecken ein gut gekühlter Rosé und frisches Weißbrot besonders gut.

Grüne Spargelmousse
auf pochiertem Heilbutt

500 g grüner Spargel, Salz, 1 Prise Zucker,
1 EL Crème double, 4 Scheiben Heilbutt (à 250 g),
Saft von 1 Zitrone, 250 ml Fischfond (Fertigprodukt),
100 g eiskalte Butter, frisch gemahlener Pfeffer,
1/2 Bund Petersilie

Den Spargel wie auf Seite 11 beschrieben vorbereiten
und in ausreichend Salzwasser mit dem Zucker bei
mittlerer Hitze zugedeckt 10–12 Minuten garen. Spargelstangen herausnehmen. Die Köpfe ca. 5 Zentimeter
lang abschneiden und warm stellen. Die Stangen im
Mixer mit der Crème double fein pürieren und ebenfalls warm halten.

Den Heilbutt waschen, trockentupfen, mit Zitronensaft beträufeln und leicht salzen. Den Fischfond in
einem großen Topf erhitzen und die Heilbuttscheiben
darin bei geringer Hitze gar ziehen lassen. Dabei die
Scheiben einmal vorsichtig wenden.

Nach und nach die eiskalte Butter mit einem Schneebesen unter das Spargelpüree rühren und so lange
weiterschlagen, bis eine cremige Mousse entstanden
ist. Mit Pfeffer würzen. Die Petersilie waschen und trockentupfen, die Blättchen abzupfen und fein hacken.
Die Heilbuttscheiben mit den Spargelköpfen auf vorgewärmten Tellern anrichten, mit der Mousse übergießen und mit Petersilie bestreut servieren.

Spargel in Schollenröllchen

500 g TK-Schollenfilets, 500 g grüner Spargel,
Salz, 1 Prise Zucker, 100 g Reis,
1 EL Zitronensaft, frisch gemahlener Pfeffer,
300 ml Sahne, 1/8 l Weißwein, 1/2 EL Speisestärke,
1 EL kalte Butter, 1 EL gehackter Dill

Die Schollenfilets auftauen. Den Spargel wie auf Seite
11 beschrieben vorbereiten. Aus Abschnitten und Schalen einen Sud herstellen und die Spargelstangen darin mit dem Zucker bei mittlerer Hitze zugedeckt 10 Minuten garen. Die Stangen herausnehmen, abtropfen lassen und in mundgerechte Stücke schneiden, den Spargelsud beiseite stellen. Inzwischen den Reis nach Packungsanleitung garen und abtropfen lassen.
Die Spargelstücke auf den Schollenfilets verteilen und darin einrollen. Den Reis und 75 Milliliter Spargelsud auf dem Boden einer feuerfesten Form mit Rand vermischen. Die Schollen-Spargel-Röllchen hineinlegen, mit Zitronensaft beträufeln, leicht salzen und pfeffern. Zugedeckt im auf 200 °C (Heißluft 180 °C, Gas Stufe 3) vorgeheizten Backofen 30 Minuten garen.
1/2 Liter Spargelsud mit Sahne und Wein in einem Topf zum Kochen bringen. Einige Esslöffel davon abnehmen und die Stärke damit glatt rühren, in den Sud einrühren und diesen einmal aufkochen lassen. Die Sauce vom Herd nehmen und die Butter in Flöckchen unterrühren, abschmecken. Die Röllchen aus dem Ofen nehmen, mit der Sauce übergießen und mit Dill bestreut servieren.

Vegetarische Gerichte

Dass keineswegs immer Fleisch oder Fisch mit von der Partie sein muss, um aus Spargel ein Hauptgericht zu zaubern, zeigt dieses Kapitel. Hier werden die edlen Stangen raffiniert mit verschiedenen Gemüsesorten, mit Blätterteig oder Eiern kombiniert, sodass sie nicht nur sättigen, sondern auch noch Spargelgenuss bieten – vom eleganten Spargel à la flamande bis zum mild-würzigen Curry. Ein Kapitel also, bei dem nicht nur Vegetarier auf Ihre Kosten kommen...

Grüner Spargel à la „flamande"

2 kg grüner Spargel, 4 hart gekochte Eier,
4 EL fein gehackte Petersilie,
3 EL fein gehackter Schnittlauch,
125 g geklärte Butter oder Butterschmalz,
1 EL feinster Weinessig, Salz,
frisch gemahlener Pfeffer, einige Zitronenspalten

Den Spargel wie auf Seite 11 beschrieben vorbereiten. Aus Abschnitten und Schalen einen Sud herstellen und die Spargelstangen darin zugedeckt bei mittlerer Hitze 8–10 Minuten garen. Herausheben und abtropfen lassen. Die Eier pellen, grob hacken und mit der Petersilie und dem Schnittlauch in der geklärten Butter leicht anschwitzen. Mit dem Weinessig ablöschen und mit Salz und Pfeffer würzen. Den Spargel auf vorgewärmten Tellern anrichten, die Kräutersauce darüber träufeln und mit Zitronenspalten garnieren.

 Dieses Spargelgericht passt ausgezeichnet zu Fisch oder Hummer. Ein trockener Weißwein rundet den Geschmack ab.

Spargelauflauf mit Kartoffeln

500 g grüner Spargel, Salz, 1 Prise Zucker,
750 g mehlig kochende Kartoffeln,
1/8 l Sahne, frisch gemahlener Pfeffer,
frisch geriebene Muskatnuss, 2 Eigelb,
150 g geriebener Schweizer Käse
(z.B. Emmentaler oder Gruyère), 40 g Butter,
Außerdem: Butter für die Form

Den Spargel wie auf Seite 11 beschrieben vorbereiten
und in reichlich sprudelnd kochendem Salzwasser mit
Zucker 5–7 Minuten knackig garen. Herausheben,
abschrecken und abtropfen lassen. Die Spargelstangen der Länge nach halbieren. Kartoffeln schälen,
waschen und vierteln. Mit Salzwasser bedecken und
garen. Die Kartoffeln abgießen, ausdampfen lassen
und durch eine Kartoffelpresse drücken. Die Sahne
erhitzen und unterrühren, mit Salz, Pfeffer und Muskat würzen. Etwas abkühlen lassen, danach die Eigelbe
unterrühren.
Eine längliche Auflaufform ausfetten und mit der Hälfte der Kartoffelmasse füllen. Den Käse würfeln und die
Hälfte davon auf der Kartoffelmasse verteilen, mit Spargelstangen dicht belegen. Das übrige Püree mit einem
Spritzbeutel (mit beliebiger Spritztülle) gitterförmig
darüber spritzen. Die Butter in Flöckchen darauf verteilen und mit dem restlichen Käse bestreuen. Im auf
220 °C (Heißluft 200 °C, Gas Stufe 3–4) vorgeheizten
Backofen 15 Minuten überbacken.

Spargel im Blätterteig auf Kerbelbutter

400 g Blätterteig, je 500 g weißer und
grüner Spargel, Salz, 1 Prise Zucker,
2 Bund frischer Kerbel, 2 Tomaten, 1 Ei,
80 g Butter, Saft von 1 Zitrone

Den Blätterteig auftauen. Spargel wie auf Seite 11 beschrieben vorbereiten und in Salzwasser mit dem
Zucker zugedeckt bissfest garen, das dauert bei weißem Spargel 15–20 Minuten, bei grünem 5–7 Minuten. In Eiswasser abschrecken, abtropfen lassen und
auf gleiche Länge schneiden. Kerbel waschen und
trockentupfen, Blättchen abzupfen und hacken, einige
für die Garnitur beiseite legen. Tomaten blanchieren,
häuten, von Stielansatz und Kernen befreien und das
Fruchtfleisch in fingerdicke Spalten schneiden.
Blätterteig 3 Millimeter dick ausrollen und in 8 Rechtecke schneiden, die den Spargel portionsweise umhül-
len können. Den Spargel auf 4 Rechtecke verteilen.
Teigränder mit verquirltem Ei bestreichen und eine
zweite Blätterteigplatte darüber legen, die Ränder fest-
drücken. 30 Minuten kalt stellen.
Inzwischen in einem Topf 3 Esslöffel Wasser mit der
Butter aufkochen. Kerbel darin schwenken und mit
Salz und Zitronensaft würzen, warm halten. Die Pas-
tetchen im auf 200 °C (Heißluft 180 °C, Gas Stufe 3)
vorgeheizten Backofen goldbraun backen. Die Kerbel-
butter auf vorgewärmten Tellern verteilen, die Pasteten
darauf anrichten und mit Kerbelblättchen und Toma-
tenspalten garnieren.

Mildes Spargelcurry

Je 250 g grüner und weißer Spargel,
225 ml Hühner- oder Gemüsebrühe,
2 Zwiebeln, 1 kleine Möhre, 1 kleine Zucchini,
1 Tomate, 4 kleine neue Kartoffeln,
1 Hand Blumenkohlröschen,
1 Hand junge grüne Bohnen,
1 Hand voll Zuckererbsen,
50 g Butter, 25 g Mehlbutter (Rezept S. 73),
1 EL gehackte Petersilie, 1 EL gehackte Minze,
Salz, frisch gemahlener Pfeffer,
Zucker, 10 g mildes Currypulver,
1 EL Aprikosenmarmelade, Saft von 1/2 Zitrone

Den Spargel wie auf Seite 11 beschrieben vorbereiten und in mundgerechte Stücke schneiden, grüne und weiße Stangen getrennt halten. Mit Ausnahme der Spargelspitzen die Stücke der Länge nach halbieren. Aus Abschnitten und Schalen einen Sud herstellen. Vom Sud 225 Milliliter abmessen und mit der Brühe vermischen.

Das restliche Gemüse schälen bzw. putzen. Zwiebeln fein hacken. Möhre in feine Streifen, Zucchini in dünne Scheiben schneiden. Tomate blanchieren, abschrecken, häuten, von Stielansatz sowie Kernen befreien und das Fruchtfleisch klein würfeln.

Die Hälfte der Butter in einer großen Kasserolle zerlassen und die Hälfte der Zwiebeln, die Möhre, die Zucchini und die Tomate darin bei geringer Hitze ca. 5 Minuten anbraten, dabei gelegentlich umrühren. Mit der

Brühe ablöschen, die Kartoffeln einlegen und 10–15 Minuten köcheln lassen. Die Blumenkohlröschen und den weißen Spargel zufügen und weitere 10 Minuten köcheln lassen. Dann den grünen Spargel untermengen. Nach weiteren 5 Minuten die Mehlbutter einrühren und, sobald die Flüssigkeit etwas angedickt ist, Bohnen und Zuckererbsen, Petersilie und Minze zufügen. Mit Salz, Pfeffer und Zucker würzen und weitere 2 Minuten leicht köcheln lassen.

Inzwischen in einer kleinen Pfanne die zweite Hälfte der Zwiebeln in der restlichen Butter weich dünsten, mit dem Currypulver bestäuben und 1 Minute braten. Marmelade und Zitronensaft untermischen und alles zum Kochen bringen. Die Sauce über das Gemüse gießen und unterrühren. Das Curry in Suppentassen oder Schalen anrichten und servieren.

Spargel „Polnische Art"

2 kg weißer Spargel, Salz, 1 Prise Zucker,
4 Eier, 1 Bund Petersilie, 60 g Butter,
4 EL Semmelbrösel

Den Spargel wie auf Seite 11 beschrieben vorbereiten.
In ausreichend Salzwasser mit dem Zucker zugedeckt
15–20 Minuten garen, herausheben, abtropfen lassen
und auf vorgewärmten Tellern anrichten.
Die Eier hart kochen, abschrecken, schälen, halbieren
und erkalten lassen. Petersilie waschen und trockentupfen. Die Blättchen abzupfen, zusammen mit dem Ei
hacken und alles gründlich vermischen. In einer Pfanne
die Butter zerlassen und die Semmelbrösel darin goldbraun braten.
Den Spargel mit dem Petersilie-Ei-Gemisch bestreuen
und die Brösel mit der Butter darüber verteilen.

 Hierzu passen ausgezeichnet kleine neue Kartoffeln, die mit geschmolzener Butter beträufelt und
nach Belieben mit Petersilie bestreut werden können. Als Getränk ist ein milder, gut gekühlter Weißwein zu empfehlen.

Spargel-Spinat-Gratin

1,5 kg weißer Spargel, Salz, 1 Prise Zucker,
400 g frischer Spinat, 1 kleine Zwiebel,
2 EL Butter, frisch gemahlener Pfeffer,
frisch gemahlene Muskatnuss,
3 EL Mehl, 1/8 l Sahne, 1/8 l Milch,
5 EL frisch geriebener Parmesan, 1 Eigelb
Außerdem: Butter für die Form

Den Spargel wie auf Seite 11 beschrieben vorbereiten
und in Salzwasser mit dem Zucker bei mittlerer Hitze
5–10 Minuten blanchieren, herausnehmen und abtropfen lassen. Den Spargelsud beiseite stellen. Den Spinat
putzen, waschen und sehr gut abtropfen lassen. Die
Zwiebel schälen, sehr fein hacken und in 1/2 Esslöffel
Butter glasig dünsten. Den Spinat zufügen und 3–5 Minuten dünsten. Mit Salz, Pfeffer und Muskat pikant
würzen, beiseite stellen.
Das Mehl in der restlichen Butter anschwitzen, mit
1/2 Liter Spargelsud, Sahne und Milch ablöschen und
auf die gewünschte Konsistenz reduzieren. 2 Esslöffel
Parmesan einrühren. Eigelb mit 2 Esslöffeln Sauce ver-
quirlen und dann unterrühren, salzen und pfeffern.
Den Spargel in eine gefettete Auflaufform einlegen, den
Spinat darauf verteilen und mit der Sauce übergießen.
Den restlichen Käse darüber streuen. Im auf 200 °C
(Heißluft 180 °C, Gas Stufe 3) vorgeheizten Backofen
30 Minuten goldbraun überbacken.

Buttervariationen und Saucen

Saucen sind ein „Muss" für den Spargelfreund: Sie verfeinern und unterstreichen den Spargelgeschmack und sind deshalb aus der Spargelküche nicht wegzudenken. Spargel und Butter gehörten schon immer zusammen – kein Wunder also, dass zerlassene Butter die Grundlage für viele Spargelsaucen ist. Sie kann aber auch pur über den Spargel gegossen oder mit den verschiedensten Kräutern angereichert werden. Hier sind dem persönlichen Geschmack keine Grenzen gesetzt.

Nicht zu Unrecht heißt eine der goldenen Regeln des Kochens: Nirgends kann man seine Liebe zur Kochkunst mehr beweisen als bei der Zubereitung einer Sauce. Die hier aufgeführten Rezepte sind lediglich Anregungen, die gern mit persönlichen Nuancen und Vorlieben variiert werden können.

Mehlbutter

Für viele Spargelsaucen ist Mehlbutter eine wichtige Grundlage. Sie wird aus gleichen Teilen Butter und Mehl hergestellt. Dazu beide Zutaten gut miteinander verkneten und die fertige Masse zu einer Rolle mit dem Durchmesser eines Eurostückes formen. So kann man sie, in Pergamentpapier gewickelt, im Kühlschrank aufbewahren und kann bei Bedarf die passenden Mengen davon abschneiden.

Rotweinbutter

2 Frühlingszwiebeln oder Schalotten,
1/8 l Rotwein, 100 g weiche Butter, Salz,
frisch gemahlener Pfeffer

Zwiebeln putzen und sehr fein hacken. In einem Topf den Rotwein mit den Zwiebeln zum Kochen bringen, köcheln lassen, bis die Flüssigkeit fast vollständig verdampft ist, abkühlen lassen. Die Butter unter die Zwiebel-Rotwein-Mischung arbeiten, salzen und pfeffern. Die Butter zu einer Rolle formen und in Pergamentpapier gewickelt im Kühlschrank etwa 1 Stunde fest werden lassen. Dann nach Belieben weiterverarbeiten.

 Diese Butter kann mit Cidre, Weißwein, Rosé und Sherry variiert, die Zwiebeln durch Knoblauch oder Lauch ersetzt werden.

Zitronenbutter

100 g weiche Butter, Saft von 1/2 Zitrone,
1 EL Schnittlauchröllchen, Salz,
frisch gemahlener Pfeffer

Alle Zutaten gut verrühren, zu einer Rolle formen oder
in ein Buttergefäß streichen, kalt stellen und 1 Stunde
ruhen lassen. Danach nach Belieben verwenden.

 Variationen sind mit Orangen, Limetten, Avocados sowie mit Kresse, Thymian, Estragon, Kerbel und anderen Kräutern möglich.

Ei-Butter-Sauce

2 EL kaltes Wasser, 2 Eigelb, Salz,
150 g weiche Butter, 1 EL Zitronensaft

Eine Schüssel in ein heißes Wasserbad setzen. Wasser
und Eigelbe darin schaumig schlagen und leicht salzen. Die Butter in kleinen Flöckchen unterschlagen.
Vorsicht, die Sauce darf nicht kochen. Sobald sie eine
cremige Konsistenz erreicht hat, mit Zitronensaft abschmecken und aus dem Wasserbad nehmen.

 Nach Geschmack mit 1/2 Teelöffel Puderzucker oder edelsüßem Paprika abschmecken. Die Sauce passt zu Salaten, lauwarmem Spargel sowie, separat gereicht, zu warmen Spargelgerichten.

Ei-Wein-Sauce

180 ml trockener Weißwein,
unbehandelte Schale von 1 Spalte Zitrone,
3 Eigelb, 3 EL Puderzucker, 1 EL Zitronensaft

Den Wein leicht erwärmen und die Zitronenschale für
1–1 1/2 Stunden hineinlegen, herausnehmen. In einer
Schüssel Eigelbe mit Puderzucker cremig rühren und
unter ständigem Schlagen den Wein zufügen. Die
Sauce im warmen Wasserbad weiterschlagen, bis sie
cremig geworden ist. Sie darf nicht kochen. Mit dem
Zitronensaft abschmecken.

 Eine herrliche Ergänzung zu Salaten und lauwar-
men Spargelgerichten.

Helle Sauce

2 EL Butter, 4 EL Mehl, 3/8 l Brühe, Salz,
frisch gemahlener Pfeffer

Die Butter zerlassen, das Mehl einstreuen und anschwitzen, ohne dass es Farbe annimmt. Nach und
nach unter Rühren die Brühe zugießen. Mit Salz und
Pfeffer würzen.

 Diese Sauce eignet sich als Grundsauce für fast
alle Spargelgerichte und kann z.B. durch frische
Kräuter verfeinert werden.

Sauce Hollandaise

3 Eigelb, 1 EL klare Fleischbrühe, 1 EL Weißwein,
1 EL Zitronensaft, 250 g Butter, Salz,
frisch gemahlener weißer Pfeffer

Die Eigelbe mit Brühe, Wein und Zitronensaft im warmen Wasserbad so lange schlagen, bis die Masse dick-
schaumig geworden ist, herausnehmen. Butter in
einem Topf zerlassen und noch warm tropfenweise in
die Eigelbmasse einrühren, mit Salz und Pfeffer würzen. Die Sauce nur vorsichtig erwärmen, da sie sonst
gerinnt. Sie kann im Wasserbad bis zum Servieren
warm gehalten werden.

Sauce Béarnaise

1 kleine Zwiebel, 1/8 l Weißwein,
3 EL Estragonessig, 1/2 TL frisch gemahlener Pfeffer,
3 Eigelb, 250 g Butter, Cayennepfeffer,
je 1 TL gehackte Petersilie, Estragon und Kerbel

Die Zwiebel schälen und fein hacken. Mit Wein, Essig
und Pfeffer aufkochen und auf zwei Drittel reduzieren.
Danach durch ein Sieb seihen. Im warmen Wasserbad
die Eigelbe, wie bei der Hollandaise (Rezept s.o.)
beschrieben, in der Zwiebelmischung aufschlagen. Butter zerlassen und tropfenweise unterrühren. Mit Cayennepfeffer und Kräutern würzen.

Sauce Béchamel

1 1/2 EL Butter, 2 EL Mehl,
1/8 l Spargelsud oder Kalbfleischbrühe,
1/8 l Milch, 1/8 l Sahne,
1/2 TL Salz, frisch gemahlener weißer Pfeffer,
frisch geriebene Muskatnuss

Die Butter zerlassen, das Mehl einstreuen und anschwitzen, ohne dass es Farbe annimmt. Nach und
nach unter Rühren den Spargelsud oder die Brühe
zugießen und einmal aufkochen lassen. 10 Minuten
köcheln lassen, dann Milch und Sahne zugeben. Unter
ständigem Rühren weitere 10 Minuten köcheln lassen
und mit Salz, Pfeffer und Muskat abschmecken.

Sahnesauce

2 EL Butter, 2 EL Mehl, 1/2 l Milch, 1/8 l Sahne,
Salz, frisch gemahlener Pfeffer, frisch geriebene
Muskatnuss, einige Tropfen Zitronensaft,
2 EL geschlagene Sahne

Die Butter zerlassen, das Mehl einstreuen und anschwitzen, ohne dass es Farbe annimmt. Nach und
nach die Milch unterrühren, einmal aufkochen und bei
milder Hitze 10 Minuten köcheln lassen. Die Sahne
zufügen und mit Salz, Pfeffer, Muskat und Zitronensaft abschmecken. Den Topf vom Herd nehmen und
die geschlagene Sahne unterziehen.

Käsesauce

1/2 l Sahne, 1 Knoblauchzehe, 125 g Sahneschmelz-
käse, Salz, frisch gemahlener Pfeffer, frisch geriebene
Muskatnuss, 1/8 l Weißwein, 1/2 Bund Schnittlauch

Die Sahne in einem Topf aufkochen. Knoblauch schälen und durch eine Presse in die heiße Sahne drücken.
Die Hitze reduzieren, Käse zufügen und schmelzen
lassen. Mit Salz, Pfeffer und Muskat würzen. Den Wein
zugießen und alles noch einmal aufkochen. Schnittlauch waschen, trockentupfen, in Röllchen schneiden
und darüber streuen.

 Diese Sauce passt vor allem dann zu Spargel,
wenn dieser mit deftigen Beilagen gereicht wird.

Schwedische Sauce

2 Äpfel, 1 EL milder Sahnemeerrettich,
200 g Joghurt, 1 EL Zitronensaft, 3 EL Mayonnaise,
Salz, frisch gemahlener Pfeffer, Zucker

Die Äpfel schälen, vierteln, vom Kerngehäuse befreien
und fein raspeln. Mit Meerrettich, Joghurt, Zitronensaft
und Mayonnaise vermischen, mit Salz, Pfeffer und
Zucker würzen.

 Ein besonderes Geschmackserlebnis für alle, die
es fruchtig und gleichzeitig scharf lieben.

Vinaigrette

1 EL Estragonessig, Salz, frisch gemahlener Pfeffer,
Zucker, 5–6 EL Olivenöl (extra vergine)

Den Essig mit Salz, Pfeffer und Zucker so lange gründlich verrühren, bis sich die Kristalle aufgelöst haben.
Das Öl langsam unterschlagen.

Der Spargel sollte in dieser Vinaigrette einige
Minuten ziehen, damit der Geschmack voll zur
Entfaltung kommt.

Dill-Senf-Sauce

1/2 Bund frischer Dill, 2 EL süßer Senf,
200 g saure Sahne, 2 cl Gin, Salz,
frisch gemahlener Pfeffer

Den Dill waschen, trockentupfen und sehr fein hacken.
Mit dem Senf mischen und unter die saure Sahne rühren. Den Gin einrühren, mit Salz und Pfeffer würzen.

Die Sauce eignet sich gut als Dressing für Spar-
gelsalate. Der Gin kann auch durch Korn oder
andere Brände ersetzt werden.

Verzeichnis der Rezepte

Grundrezepte

Vorspeisen und Salate

Suppen

Fleisch- und Geflügelgerichte

Gerichte mit Fisch und Meeresfrüchten

Vegetarische Gerichte

Buttervariationen und Saucen